Minun kaikista kaunein uneni

Min aller fineste drøm

Lastenkirja kahdella kielellä

Lataa äänikirja täällä:

www.sefa-bilingual.com/mp3

Ilmainen pääsy salasanalla:

suomi: **BDFI1518**

norja: **BDNO2324**

Cornelia Haas · Ulrich Renz

Minun kaikista kaunein uneni

Min aller fineste drøm

Kaksikielinen lastenkirja,

mukana äänikirja ladattavaksi

Käännös:

Janika Tuulia Konttinen (suomi)

Werner Skalla, Jan Blomli, Petter Haaland Bergli (norja)

Lulu ei pysty nukahtamaan.
Kaikki muut näkevät jo unta –
hai, elefantti, pieni hiiri,
lohikäärme, kenguru, ritari,
apina, lentäjä. Ja vauvaleijona.
Myös nallen silmät painuvat jo
melkein kiinni ...

Hei nalle, otatko minut mukaan
uneesi?

Lulu får ikke sove. Alle andre
drømmer allerede – haien,
elefanten, den lille musa,
dragen, kenguruen, ridderen,
apen, piloten. Og løveungen. Til
og med bamsen kan nesten
ikke holde øynene åpne ...

Du bamse, kan du ta meg med
inn i drømmen din?

Ja niin jo on Lulu Nalle-Unimaassa. Nalle kalastaa Tagayumi-järvellä. Ja Lulu
ihmettelee, kuka tuolla ylhäällä puissa mahtaa asua?
Kun uni päättyy, tahtoo Lulu seikkailla vielä lisää. Tule mukaan, menemme
käymään hain luona! Mistä se mahtaa nähdä unta?

Og med det er Lulu allerede i bamsenes drømmeland. Bamsen fanger fisk i Tagayumisjøen. Og Lulu lurer på hvem som bor der oppe i trærne?
Når drømmen er over, vil Lulu oppleve enda mer. Bli med, vi skal hilse på haien! Hva drømmer han om?

Hai leikkii hippaa kalojen kanssa. Vihdoinkin hänellä on ystäviä! Kukaan ei pelkää hänen teräviä hampaitaan.

Kun uni päättyy, tahtoo Lulu seikkailla vielä lisää. Tulkaa mukaan, menemme käymään elefantin luona! Mistä se mahtaa nähdä unta?

Haien leker sisten med fiskene. Endelig har han venner! Ingen er redde for de spisse tennene hans.

Når drømmen er over, vil Lulu oppleve enda mer. Bli med, vi skal hilse på elefanten! Hva drømmer han om?

Elefantti on kevyt kuin höyhen ja pystyy lentämään! Pian se laskeutuu taivasniitylle.

Kun uni päättyy, tahtoo Lulu seikkailla vielä lisää. Tulkaa mukaan, menemme käymään pienen hiiren luona! Mistä se mahtaa nähdä unta?

Elefanten er lett som en fjær og kan fly! Snart lander han på skyene.

Når drømmen er over, vil Lulu oppleve enda mer. Bli med, vi skal hilse på den lille musa! Hva drømmer hun om?

Pieni hiiri katselee tivolia. Eniten hän pitää vuoristoradasta.
Kun uni päättyy, tahtoo Lulu seikkailla vielä lisää. Tulkaa mukaan,
menemme käymään lohikäärmeen luona! Mistä se mahtaa nähdä unta?

Den lille musa ser seg om på tivoli. Hun liker best berg- og dalbanen.
Når drømmen er over, vil Lulu oppleve enda mer. Bli med, vi skal hilse på
dragen! Hva drømmer han om?

Lohikäärmeellä on jano tulen syöksemisestä. Mieluiten se haluaisi juoda kokonaisen limonadijärven tyhjäksi.

Kun uni päättyy, tahtoo Lulu seikkailla vielä lisää. Tulkaa mukaan, menemme käymään kengurun luona! Mistä se mahtaa nähdä unta?

Dragen er tørst etter å ha sprutet ild. Helst vil han drikke opp hele sjøen med brus.

Når drømmen er over, vil Lulu oppleve enda mer. Bli med, vi skal hilse på kenguruen! Hva drømmer han om?

Kenguru hyppii läpi makeistehtaan ja ahtaa pussinsa täyteen. Vielä lisää sinisiä karkkeja! Ja lisää tikkareita! Ja suklaata!

Kun uni päättyy, tahtoo Lulu seikkailla vielä lisää. Tulkaa mukaan, menemme käymään ritarin luona! Mistä se mahtaa nähdä unta?

Kenguruen hopper gjennom godterifabrikken og stapper pungen sin full.
Enda flere av de blå dropsene! Og enda flere kjærlighet på pinne! Og
sjokolade!
Når drømmen er over, vil Lulu oppleve enda mer. Bli med, vi skal hilse på
ridderen! Hva drømmer han om?

Ritari käy kakkusotaa unelmiensa prinsessan kanssa. Ooh! Kermakakku menee ohi!

Kun uni päättyy, tahtoo Lulu seikkailla vielä lisää. Tulkaa mukaan, menemme käymään apinan luona! Mistä se mahtaa nähdä unta?

Ridderen er i kakekrig mot drømmeprinsessen sin. Oi! Kremkaken
bommer!
Når drømmen er over, vil Lulu oppleve enda mer. Bli med, vi skal hilse på
apen! Hva drømmer han om?

Kerrankin apinamaassa on satanut lunta! Koko apinajoukko on riemuissaan ja pelleilee.

Kun uni päättyy, tahtoo Lulu seikkailla vielä lisää. Tulkaa mukaan, menemme käymään lentäjän luona, mihin uneen hän on mahtanut laskeutua?

Endelig har snøen kommet til apelandet! Hele apegjengen er ute og gjør apestreker.

Når drømmen er over, vil Lulu oppleve enda mer. Bli med, vi skal hilse på piloten! I hvilken drøm har han landet?

Lentäjä lentää ja lentää. Maailman loppuun ja vielä eteenpäin tähtiin asti.
Siihen ei ole vielä kukaan toinen lentäjä pystynyt.
Kun uni päättyy, ovat kaikki jo hyvin väsyneitä, eivätkä he tahdo enää
seikkailla niin paljon. Mutta vauvaleijonan luona he haluavat vielä käydä.
Mistä se mahtaa nähdä unta?

Piloten flyr og flyr. Til verdens ende, og videre helt til stjernene. Ingen pilot har klart dette før ham.

Når drømmen er over, er alle veldig trøtte og vil ikke oppleve så mye mer.

Men løveungen vil de likevel hilse på. Hva drømmer han om?

Vauvaleijonalla on koti-ikävä ja se haluaa takaisin lämpimään, pehmoiseen petiin.

Ja muut myös.

Ja siellä alkaa …

Løveungen har hjemlengsel og vil tilbake til den varme, deilige senga si.
Det vil de andre også.

Og da begynner ...

... Lulun kaikista kaunein uni.

... Lulus
aller fineste drøm.

Foto: Ingrid Hagenreich

Cornelia Haas syntyi 1972 Ichenhausenissa Augsburgissa (Saksa). Hän opiskeli muotoilua Münsterin ammattikorkeakoulussa ja valmistui sieltä diplomi-muotoilijaksi. Vuodesta 2001 lähtien hän kuvittaa lasten- ja nuortenkirjoja, vuodesta 2013 lähtien hän opettaa akryyli- ja digitaalimaalauksen dosenttina Münsterin ammattikorkeakoulussa.

Cornelia Haas ble født i nærheten av Augsburg (Tyskland) i 1972. Hun studerte design ved Høgskolen i Münster og avsluttet studiene med diplom. Siden 2001 har hun illustrert barne- og ungdomsbøker. Siden 2013 har hun undervist i akryl- og digitalt maleri ved Høgskolen i Münster.

www.cornelia-haas.de

Väritätkö mielelläsi?

Täältä löydät kaikki tarinan kuvat väritettäviksi:

www.sefa-bilingual.com/coloring

Pidä hauskaa!

Hyvä lukija,

kuinka hienoa, että olet löytänyt kirjani! Jos se oli mieleesi (ja varsinkin lapsesi mieleen), välitä se mieluusti eteenpäin, Facebook-tykkäyksenä tai ystävillesi lähetetyn sähköpostin kautta:

www.sefa-bilingual.com/like

myös kommentista tai arvostelusta tulisin todella iloiseksi. Tykkäykset ja kommentit ovat kehuja kirjailijoille, sydämelliset kiitokset!

Odota vielä kärsivällisesti, jos kielellesi ei vielä löydy äänikirjaversiota! Teemme töitä sen eteen, että kaikilla kielillä olisi saatavilla äänikirjaversio. Tilannekatsauksen saat „kielitaikahatustamme" Internet-sivuillamme:

www.sefa-bilingual.com/languages

Nyt haluan kuitenkin esitellä lyhyesti itseni: Synnyin 1960 Stuttgartissa, yhdessä kaksoisveljeni Herbertin kanssa (josta myös tuli kirjailija). Opiskelin Pariisissa ranskalaista kirjallisuutta ja muutamaa kieltä, sen jälkeen Lyypekissä lääketiedettä. Urani lääkärinä jäi kuitenkin lyhyeksi, sillä jo pian tulivat kirjat mukaan kuvioihin: ensin lääketieteelliset ammattikirjat, joiden julkaisijana ja kustantajana toimin, myöhemmin asiateokset ja lastenkirjat.

Asun vaimoni Kirstenin kanssa Lyypekissä aivan pohjoisessa Saksassa, yhdessä meillä on kolme (nyt jo aikuista) lasta, koira, kaksi kissaa ja pieni kustantamo: Sefa Verlag.

Se, joka haluaa tietää minusta lisää, voi käydä Internet-sivuillani ja ottaa sitä kautta minuun myös mieluusti yhteyttä: **www.ulrichrenz.de**

Sydämellisin terveisin,

Ulrich Renz

Lulu suosittelee lisäksi:

ISBN: 9783739909745

Nuku hyvin, pieni susi

Lapsille yli 2-vuotiaiden

mukana äänikirja

Timiä ei nukuta. Hänen pieni sutensa on kadonnut! Unohtuikohan se ulos? Aivan yksin hän uskaltautuu pimeään yöhön – ja saa mukaansa odottamattomia vieraita....

Saatavilla kielilläsi?

► Katso „kielitaikahatustamme“:

www.sefa-bilingual.com/language-wizard-wolf

Ulrich Renz · Marc Robitzky

Villijoutsenet
De ville svanene

Perustuen Hans Christian Andersenin satuun

+ audio

suomi   kaksikielinen   norja

ISBN: 9783739971759

Villijoutsenet

Perustuen Hans Christian Andersenin satuun

ikäsuositus: 4-5. ikävuodesta eteenpäin

mukana äänikirja

Hans Christian Andersenin „Villijoutsenet" ei ole syyttä yksi maailman luetuimmista saduista. Ajattomassa muodossaan se käsittelee inhimillisten näytelmien aiheita: pelkoa, rohkeutta, rakkautta, pettämistä, eroa ja uudelleen löytämistä.

Saatavilla kielilläsi?

► Katso „kielitaikahatustamme":

www.sefa-bilingual.com/language-wizard-swans

More of me ...

Bo & Friends

▶ Children's detective series in three volumes. Reading age: 9+

▶ German Edition: „Motte & Co" ▶ www.motte-und-co.de

▶ Download the series' first volume, „Bo and the Blackmailers" for free!

www.bo-and-friends.com/free

IT: Paul Bödeker, München, Germany

ISBN: 9783739963181

Version: 20190101

www.sefa-bilingual.com